Inhalt

AF236985

Vorwort zur 1. Auflage

Lange Zeit trage ich mich schon mit dem Gedanken, dieses Buch zu schreiben und fast genauso lange habe ich diesen Vorsatz immer wieder verschoben.

In erster Linie liegt dies sicher an der Problematik, verlässliche Quellen über die Entstehung des Kung Fu zu erhalten, da diese nicht mehr existieren oder in Familienbesitz sind.

So kann ich in diesem Buch letztendlich nur Überlegungen darüber anstellen, welche Entwicklungen und Zusammenhänge zur Entstehung des heutigen Kung Fu geführt haben.

Es ist auch keine Anleitung zum Erlernen des Tang Lang Kung Fu, sondern beschreibt philosophische und praktische Ansätze von Kung Fu und Selbstverteidigung anhand *des tai ji mei hua tang lang quan* Stils.

Viele Jahre habe ich Notizen von Gesprächen mit meinem Meister Zhang Wan Fu und anderen Meistern und Lehrern gesammelt, Aussagen verglichen und eigene Erfahrungen notiert.

Letztlich war es nur durch die intensive Hilfe und Zusammenarbeit mit meinem Freund und Kung Fu Bruder Yu Bin möglich, dieses Buch fertig zu stellen.

Trotz seines Titels und der intensiveren Beschäftigung mit dem Gottesanbeterinnen Kung Fu soll es auf keinen Fall eine Überlegenheit gegenüber anderen Systemen oder Stilen vortäuschen – denn das wäre die Unwahrheit.

Überlegenheit entsteht nur durch Selbsterkenntnis und einen hohen Grad der eigenen mentalen und körperlichen Fähigkeiten.

Wenn im folgendem von einer Verteidigungssituation oder einem Angriff gesprochen wird, ist hiermit ausdrücklich ein Angriff auf das Leben oder die Gesundheit der eigenen Person oder Dritter im Sinne der Selbstverteidigung gemeint.

Der tiefere Sinn der Kampfkunst besteht <u>nicht</u> in erster Linie darin, durch die erworbenen Fähigkeiten anderen im Kampf überlegen zu sein, sondern ist nur ein Schritt auf dem Weg sich selbst und das Wesen der Dinge zu erkennen.

Zufriedenheit

Strebst Du nur nach Zielen, wirst Du immer rastlos sein, denn nach 1000 kommt 1001.

Lebst Du den Augenblick und erfasst ihn in seiner Einmaligkeit, wirst Du in jedem Moment das höchste Ziel erreicht haben.

Tim Otte, Laoshan April 2005

Tim Otte und Yu Bin

Si kao tang lang quan

Praktische und philosophische Überlegungen zum Kung Fu am Beispiel des Tai Ji Mei Hua Tang Lang Quan

Bibliografische Information der Deutschen Nationalbibliothek:

Die Deutsche Nationalbibliothek verzeichnet diese Publikation in der Deutschen Nationalbibliografie; detaillierte bibliografische Daten sind im Internet über http://dnb.dnb.de abrufbar.

Text und Cover: Tim Otte, Fotos: Qin Ling
Kaligrafie Pan Ji Ren (Abb. 1 u. 41)
Malereien: Wang Jian Zhong (Abb. 4)
Galerie Wang Yu Rong (Abb. 2 u. 5)

Herstellung und Verlag: BoD – Books on Demand, Norderstedt

ISBN: 978-3-7534-9122-6

Vorwort zur 2. Auflage

16 Jahre sind inzwischen seit der ersten Auflage von *Si kao tang lang* vergangen - 16 Jahre, in denen wir uns weiter entwickelt – weiter gelernt haben.

Wie bereits in Schlusswort der ersten Auflage beschrieben bedeutet dies für uns:

„Kung Fu heißt in erster Linie einen Weg zu gehen und dieser Weg wird auch in Zukunft für uns weitergehen.

Vielleicht werden neue Eindrücke die Sichtweise zu manchen, bisherigen Erfahrungen verändern.

Gut, denn stehenbleiben heißt Stillstand - Weitergehen heißt Fortschritt. So werden wir weitere Erfahrungen machen, Dinge über uns lernen – fortschreiten.“

Viele Fragen interessierter Schüler und Leser, sowie neue Eindrücke und Erfahrungen haben sich auf diese Neuauflage ausgewirkt.

Aufgrund der hohen Nachfrage und einer steigenden Zahl an *Gong Fu*-Begeisterten, sind wir sehr froh, diese 2. Auflage veröffentlichen zu können.

Tim Otte, Hamburg Mai 2021

Für Zhang Wan Fu

Unser Dank gilt allen, die zur Verwirklichung dieses Buches beigetragen haben.

Mit respektvoller Hochachtung verneigen wir uns vor den Meistern und Lehrern, die über die Generationen die Kampfkunst erhalten haben.

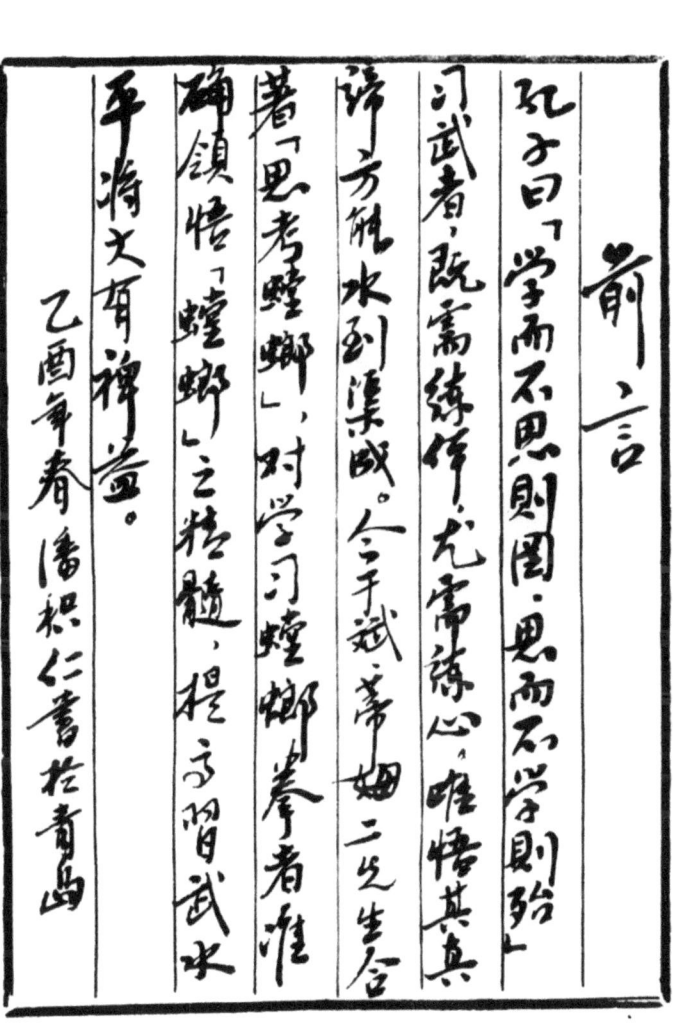

前言

孔子曰「学而不思则罔，思而不学则殆」

习武者，既需练体，尤需练心，唯悟其真

谛方能水到渠成。今予武萍妯二先生合

著「思考螳螂」，对学习螳螂拳者准

确领悟「螳螂」之精髓，程予习武水

平将大有禅益。

乙酉年春　潘积仁书于青岛

Abb. 1

**Grußwort des Leiters des Stadtarchivs Qingdao
Pan Ji Ren (Abb. 1):**

*Konfuzius hat gesagt: „Lernen ohne zu Denken führt zu
Oberflächlichkeit, ebenso wie Denken ohne zu Lernen ins
leere führt."*

*Wahre Kampfkunst zu praktizieren setzt nicht nur das
körperliche Training, sondern auch die geistige
Auseinandersetzung voraus. Nur wenn man ihren echten
Sinn erfasst, kann man sie beherrschen.*

*Das von Tim Otte und Yu Bin geschriebene Buch zum
Wesen des „tang lang quan quan" ist hervorragend geeignet,
den tang lang Stil kennen zu lernen und dem Lernenden zu
einem hohen Niveau zu verhelfen.*

Frühling 2005

Pan Ji Ren

Kapitel 1

Generelle Überlegungen zum Kung Fu

Abb. 2, Bodhidharma (*Da Mo*)
Begründer des Chan Buddhismus

Der Begriff „Kung Fu"

In der westlichen Welt werden die chinesischen
Kampfkünste heute mit dem Oberbegriff Kung Fu
(*gong fu*) bezeichnet.
Diese Bezeichnung ist sicherlich nicht falsch, jedoch
sehr ungenau und erst im Zusammenhang mit Bruce
Lee (*Li Xiao Long*) und der Welle chinesischer
Kampfkunstfilme in den 70er Jahren außerhalb Chinas
entstanden.
Da sich dieser Begriff aber in der westlichen Welt so
sehr durchgesetzt hat, wird er heute auch oft in China
verwendet.
Gong fu bedeutet übersetzt lediglich Fähigkeit, bzw.
Fertigkeit, die man durch lange, harte Arbeit erworben
hat. So hat ein Maler, der lange für seine Fähigkeiten
mit dem Pinsel trainiert hat, ebenfalls *gong fu*.
Die alten, zutreffenden Bezeichnungen der
chinesischen Kampfkünste lauten *quan shu* oder *wu shu*.
Quan shu besteht aus den Worten *quan* = Faust und
shu= Kunst(-fertigkeit), Methode oder Taktik. In diesem
Zusammenhang wird auch oft der Begriff *quan fa* als
Bezeichnung für den Faustkampf verwendet.

Wu shu besteht aus den Worten *wu* = militärisch und
shu (s.o) und bezeichnet eher die Kriegsfertigkeiten im
militärischen Sinne, einschließlich den Umgang mit
Waffen.
Trotzdem hat sich dieser Begriff heute auch für die
sportliche, moderne Variante der Kampfkunst
durchgesetzt.

Ende der Qing Dynastie (1644-1911), als China regelmäßig durch ausländische Kräfte bedroht und das Volk aufgerufen wurde, die alten Kampfkünste wieder zur Verteidigung und Körperertüchtigung zu erlernen, bezeichnete man diese auch mit dem Begriff Landeskunst (*guo shu*).

Wu shu – kulturelles Vermächtnis Chinas

Während andere Nationen modernes Kriegsgerät entwickelten, lag China lange Zeit in Bezug auf Kampf- und Kriegskunst in einer Art Schneewittchenschlaf. Als Beispiel dieses Ungleichgewichtes kann man z.B. die Ausrüstung der chinesischen Soldaten im Sino-japanischen Krieg anführen. Zur Standard-Ausrüstung zählten neben einer Kurzwaffe und Handgranaten ein Säbel und manchmal eine kurze Hellebarde.

Machen wir uns aber klar, mit was die Gegner aufwarten konnten – gepanzerte Fahrzeuge, Gewehre, Flakgeschütze etc. ist der Ausgang dieses Krieges wohl keine Überraschung.

Auch die Ausrüstung und das Verständnis für eine kämpferische Auseinandersetzung waren bereits mehr als dreißig Jahre vorher, während der Boxeraufstände, völlig inkongruent. Während die westlichen Mächte bereits mit militärischen Schusswaffen ausgerüstet waren, kämpften die Boxer fast ausschließlich mit traditionellen Waffen wie Speeren oder Säbeln.

Im Buch, „Die Belagerung zu Peking", von Peter Fleming, kommen Zeitzeugen zu Wort, die von diesem Ungleichgewicht berichten. An einer Stelle in diesem Buch wird z.B. von Aberglauben und Ritualen berichtet, mit denen sich die Boxer gegen Geschosse schützen wollten. _„Die Befehle des Gottes Mi T'To an seine Anhänger (…..) – dein Anhänger lernt die Boxerkunst, China zu schützen und die Fremden zu vernichten._

Der eiserne Lo-han, ob mit dem Messer geschnitten oder mit der Axt geschlagen – es wird keine Spur bleiben. Kanonen können nicht verletzen, Wasser nicht ertränken"

Gemeint ist hier sicher das sogenannte „Kettenhemd-Qigong", eine Technik die sicher gegen einen stumpfen Säbel mehr oder weniger effektiv sein mag, wohl nicht gegen ein Projektil aus einer Schusswaffe.

Bei der modernen Kriegsführung tritt, Im Gegensatz zu früheren Schlachten, die Technik mit einfachen Schlag- und Stichwaffen in den Hintergrund. Als einzige alte, bewaffnete Kampfart in kriegerischen Auseinandersetzungen hat lediglich der Messerkampf heute noch eine geringfügige Bedeutung, wenn es um das lautlose Ausschalten eines Gegners geht. Entsprechend haben sich die Kampfkünste in der westlichen Welt zu meist olympischen Disziplinen entwickelt, bei denen der sportliche Wettkampf im Vordergrund steht.

Dieser „Schneewittchenschlaf" Chinas, in Bezug auf Kriegs- und Kampfkunst, bietet jedoch einen immensen Vorteil: Während z.B. Anhänger von Ritterkämpfen hier nur auf wenige schwer verständliche Aufzeichnungen zurückgreifen können, sind in China noch große Teile der ursprünglichen Kampfkünste lebendig.

Nach der Öffnung Chinas hat sich jedoch auch dort ein entsprechender Wandel eingestellt. Die Chinesen sind ein sehr fleißiges Volk und haben den westlichen Technikvorsprung extrem schnell eingeholt. Entsprechend geraten dort auch die traditionellen Kampfkünste in den Hintergrund.
Die junge Generation spielt lieber Basketball oder

betreibt allenfalls Taekwondo, da dies olympische Disziplinen sind.

Es bleibt zu hoffen, dass sich die Jugend auch im Ursprungsland des *wu shu* wieder diesem wertvollen Vermächtnis bewusst wird.

Shaolin und die Entstehung der Kampfkünste

Kampf- oder Kriegskünste existieren seit Anbeginn der Menschheit. Egal ob es darum ging, sich gegen wilde Tiere zu verteidigen oder die eigene Lebensgemeinschaft gegen Eindringlinge zu schützen, in dem Moment, in dem der erste intelligente Urmensch einem Nachkommen zeigte, wie man eine Keule zur Verteidigung nutzt, waren die Kampfkünste geboren.

In allen Gesellschaften und Ländern der Welt haben sich, je nach Bedarf, eigene Kampf- und Kriegskünste mit den unterschiedlichsten Strukturen und Waffen entwickelt.

Während die Kriegskünste in erster Linie von Truppenstärke, vorhandenen Rohstoffen und Finanzmitteln abhängig waren, entwickelten sich die Kampfkünste in erster Linie aus Erfahrungen und Beobachtungen.
Gladiatorenschulen als Beispiel von Kampfkunstschulen vor oder Ritterspiele nach Beginn unserer Zeitrechnung sind Beispiele für eine hoch entwickelte Kampf- und Kriegskunst, die sich ohne asiatischen Einfluss entwickelt hat.
Trotzdem wird das Shaolin-Kloster in der Provinz Henan, genauer gesagt die Ankunft Bodhidharmas (*Da Mo*) im Jahre 527 n. Chr., heute als Ursprung der asiatischen Kampfkünste bezeichnet.

Da Mo, Sohn des reichen Rajas Sugandha, reiste als Begründer des *chan* (jap. Zen) Buddhismus nach China.

Neben den Lehren der buddhistischen Sutras hatte er sich vorher auch intensiv mit den traditionellen Kampfkünsten Indiens und dem Nahkampf beschäftigt.
Um den Mönchen die langen, bewegungslosen Meditationsphasen zu ermöglichen und zum Erhalt und zur Steigerung der Gesundheit, zeigte *Da Mo* ihnen neue Bewegungsabläufe und Atemtechniken, aus denen sich später das legendäre Shaolin-Boxen entwickelt haben soll.

Soweit die Legende.

Zwar wird das Shaolin- Kloster, bzw. seine legendären Kampfmönche gerne als Ursprung der chinesischen Kampfkunst und oft als Ursprung asiatischer Kampfkunst überhaupt bezeichnet, wie bereits beschrieben, kann dies sicher nicht der Wahrheit entsprechen.

Ein kurzer geschichtlicher Exkurs:

495 n. Chr. wird das Shaolin Kloster gegründet. Um das Jahr 527 n. Chr. soll Bodhidharma das Shaolin Kloster erreicht haben und die Grundlagen des späteren Shaolin Kung Fu unterrichtet haben. In den darauffolgenden Jahrhunderten wurde die Kampfkunst der Shaolin sehr berühmt.

728 n. Chr. entsandte Shaolin 13 Kampfmönche, um die bedrohte Tang-Dynastie zu schützen. Der Legende

nach hatten die Mönche Erfolg und keine eigenen Verluste zu beklagen.

Eine kurze, realistische Zwischenbilanz:

Stellen wir uns das Leben um das Jahr 530 n. Chr. vor:

Es gibt keinen Sozialstaat. Der Normalbürger oder Bauer, geplagt von Raub und Abgaben an die Feudalherren kämpft jeden Tag darum, zu überleben. Für ihn gibt es keine Zeit für Kurzweil oder gar Sport. Essen heißt überleben. Die Shaolin-Mönche werden durch Spenden, Landbesitz etc., letztendlich als religiöse Gruppe gefördert. Sie gehören zu den wenigen, die sich weniger um das reine Überleben sorgen müssen und haben daher die Möglichkeit, dafür zu trainieren, anderen in der Verteidigung ihrer Ländereien und Ihres Besitzes überlegen zu sein.

Der Shaolin-Mönch dieser Zeit hat sehr wenig mit dem westlichen Bild eines christlichen Mönches zu tun. Sicher möchte er nicht kämpfen und achtet das Leben, aber sehr wahrscheinlich hat er jedoch im Notfall die Besitztümer des Klosters und damit sein Leben konsequent verteidigt.
Das Ergebnis ist eine Gruppe, die Zeit hatte, sich intensiv mit dem Zweikampf zu beschäftigen und einen legendären Ruf und entsprechende Fähigkeiten entwickeln konnte.

Dieser Zustand hält mehr als 1000 Jahre an und festigt neben der Verteidigungsfähigkeit sicher auch den Ruf der Shaolin-Mönche. Vergleichsweise stelle man sich vor, die spanische Armada hätte damals nur einem einzigen Kriegsschiff heutiger Technik gegenübergestanden!

Zurück zur Geschichte:

1644 n. Chr. übernehmen die *Qing* die Herrschaft in China und Shaolin wird durch die Invasoren komplett zerstört. Die Legende lebt zwar in den Herzen der Menschen weiter, aber offiziell gibt es Shaolin und seine Mönche nicht mehr. Die ehemaligen Mönche, die überlebt haben, müssen wieder um ihr tägliches Brot kämpfen.

Die Menschen in China und an anderen Orten haben selbstverständlich auch vorher Kampftechniken und Bewegungsabläufe für kriegerische Zwecke entwickelt. Jedoch lehrte die Kampfkunst der Shaolin im Gegensatz zu den alten Kampfschulen, in denen diese Fertigkeiten als reines Mittel zum Kampf unterrichtet wurden, zusätzlich den buddhistischen Kodex der Friedfertigkeit und Vermeidung von Gewalt:

Selbstverteidigung und durch Kampfkunst die Kunst des „Nicht-kämpfen-wollen"

Dies mag im ersten Moment widersprüchlich klingen und wirft die Frage auf, ob nicht eine Lehre der absoluten Friedfertigkeit ohne Elemente von Selbstverteidigung und völligem Ausschluss des Gedankens an Kampf überhaupt, zum gleichen Ziel führen würde.

Um diese Frage zu klären, muss man sich nicht mit der Entstehung des Buddhismus, oder gar chinesischer

Geschichte befassen, sondern einen Blick auf die Entwicklung der Menschheit allgemein werfen.

Die Gesellschaft in unserer heutigen Form entwickelte sich in verschiedenen Lebensgemeinschaften. Die Menschen in diesen Gemeinschaften verfolgen gemeinsam ein Ziel: Den Wohlstand und das Überleben ihrer Gruppe zu sichern.
Hierzu stellen sie umfangreiche Regeln auf, um ein Miteinander zu ermöglichen und eignen sich die überlebensnotwendigen Fertigkeiten an.
Diese Regeln werden in der Regel in den Gesetzbüchern der verschiedenen Länder oder Gemeinschaften festgehalten.
Die oberste Regel aller Gemeinschaften lautet Friedfertigkeit nach innen, um das harmonische Miteinander der Gruppe zu sichern.

Die Kriegs- und Kampfkunst dient dazu, die Gemeinschaft und ihre Mitglieder nach außen, also gegen andere Gemeinschaften zu schützen.
So diente das Shaolin-Boxen neben dem Erhalt der Gesundheit also auch dem Schutz des Klosters und dessen Bewohnern.
Auch nachdem die Kampfkünste der Shaolin lange nicht mehr nur in Klöstern unterrichtet wurden und sich über ganz Asien verbreitet hatten, blieb der Kodex erhalten und existiert bis heute in den Schulen der traditionellen Kampfkünste.

Füge nur Schmerzen zu, um nicht zu verletzen.

Verletze nur, um nicht zu töten.

Töte nur, um nicht selbst getötet zu werden.

(Shaolin Kodex der Kampfkunst)

Unterschiedliche Stile (*zhao shu*) – verschiedene Wege

Am Anfang eines neuen Stils stand immer eine Idee, die oft auf Erfahrungen während der Jagd, Beobachtungen der Natur oder dem Verhalten von Tieren beruht.
Aus diesen nachgeahmten Bewegungen entwickelten sich die verschiedensten Kampfstrategien.

Alte Namen von Techniken, wie: *„Die Gottesanbeterin fängt die Zikade"*, *„der Wind fährt durch das Laub"* oder *„das schöne Mädchen überquert eine Brücke"* geben hier oft Aufschluss darüber, welche Beobachtung zu dieser Technik geführt hat.

Wurden diese Strategien für verschiedenste Verteidigungen und Angriffe umgesetzt und teilweise durch einen bereits erlernten Stil oder die Umsetzung anderer Erkenntnisse ergänzt, entstand ein neuer Stil.

Schon alleine durch die geographischen Verhältnisse, d.h. zum Beispiel der Bodenbeschaffenheit der Region, weisen die Techniken innerhalb der verschiedenen Stile oft extreme Unterschiede auf.
So wird ein Stil aus einer Region mit festem Boden immer eine ausgeprägtere Schritt- und Beintechnik aufweisen als der einer Region mit schlammigem, rutschigem Boden.

Alte Stile wurden also niemals für den globalen Gebrauch entwickelt, sondern jeweils für den entsprechenden Lebensraum in dem sie zur Anwendung kommen sollten.

Obwohl sie sich in Jahrhunderten immer weiter und unterschiedlicher entwickelt haben, besitzen sie alle eine grundsätzliche Gemeinsamkeit:

Ein traditioneller Kung Fu Stil ist ein Weg, um Kampfkunst und die damit verbundenen Fertigkeiten und Erkenntnisse über Angriff- und Verteidigung zu erlangen.

Erweitert man seinen Blick und löst seine persönlichen Vorlieben für den eigenen oder einen bestimmten Stil wird man feststellen, dass es keine „schlechten" oder „falschen" Stile gibt.

Sind ihre Techniken und Prinzipien auch noch so verschieden, sie alle zeigen einen Weg auf, durch Einsatz trainierter Fähigkeiten einen Kampf zu gewinnen.

Royce Gracie, ein berühmter Kämpfer aus dem Brasilian Jiu-Jitsu soll einmal in einem Interview ungefähr folgenden Satz gesagt haben:

„Wenn ich, um einen Kickboxer zu besiegen, Kickboxen lernen muss, dann stimmt etwas mit meinem System nicht!"

Dieser Satz beschreibt einerseits die grundsätzliche Idee, die alle verschiedenen Kampfkünste gemeinsam haben:

- Einen Weg zu trainieren, um einen Kampf zu gewinnen.

Verschiedene Kampfkünste sind also unterschiedliche Lösungswege für effektive Selbstverteidigung. Obwohl sie sich sicher in ihrer Entstehung auch an festen Voraussetzungen, wie eben Bodenbeschaffenheit oder den Einsatzbereich, für den sie entwickelt wurden orientiert haben, standen doch sicher auch die Möglichkeiten und Vorlieben des Entwicklers dabei im Vordergrund.

So gibt es Systeme, die auf eine extrem kräftige Ausführung von einzelnen Schlägen und Tritten setzen. Andere wiederum versuchen den Gegner durch aufeinanderfolgende, schnelle Attacken auszuschalten. Manche Systeme haben als Schwerpunkt den Bodenkampf, andere versuchen eben diesen durch exzellente Beinarbeit zu vermeiden.

Das Ziel ist hier nicht der Weg, sondern der Weg führt zum Ziel!

Die verschiedenen Stile Chinas teilen sich zum einen in innere und äußere Stile.

Die inneren, weichen Stile wie *tai ji*, *ba gua* und *xing yi* sollen ihre Wiege im daoistischen Kloster des Wudang-Gebirges haben. Wann sie sich jedoch dort entwickelt haben ist nicht belegt.

Eine Quelle besagt, dass die Geschichte der inneren Stile ca. 900 n. Chr. begann.

Als Wiege der äußeren, harten Stile gilt, wie bereits beschrieben das Shaolin-Kloster im Henan.

Sicher haben sich auch Techniken und Stile an anderen Orten und lange vorher entwickelt, jedoch gelten heute diese beiden Orte als deren Geburtsstätten.

Die äußeren, harten Stile werden wiederum in nördliche- und südliche Stile unterteilt.

Bei dieser Einteilung, als deren ungefähre, geographische Trennlinie der Chang Jiang (*Yangtze*) gilt, entspringen die Unterschiede der Bodenbeschaffenheit und dem unterschiedlichen Körperbau ihrer Bewohner.

Abb. 3

Im Norden Chinas sind die Menschen eher schlank und hoch gewachsen. Der Boden ist hart und ermöglicht eine ausgeprägte Beinarbeit, sowie den Einsatz von hohen Tritten oder Sprüngen z.B. gegen berittene Gegner.

Einige Beispiele für nördliche Stile sind:

Shao lin quan – Shaolin-Boxen

Luo han quan – Lohan-Boxen

Ho quan – Affenstil

Ying quan – Adlerstil

Tang lang quan – Gottesanbeterinnen Stil

Im Süden dagegen sind die Menschen eher von gedrungener Statur mit kräftigen Armen und Beinen.

Daher entwickelten sich aufgrund des oft schlammigen Bodens und der Tatsache, dass viele Menschen auf Booten lebten, Stile mit festem tiefem Stand und kraftvollen Armtechniken.

Beispiele für südliche Stile sind:

Hu quan – Tigerstil

He quan – Kranichstil

Nan quan – Südfaust

Yong chun – Wing Tsun

Die ersten, bekannten Techniken aus dem Shaolin-Kloster, die für Kraft und Ausdauer der Mönche entwickelt wurden, weisen relativ einfache Schlag und Tritttechniken auf, die jedoch mit extremem Einsatz der Körperenergie *(qi)* ausgeführt werden.

Ausgehend von dieser ursprünglichen Kampfkunst der Shaolin veränderten und erweiterten sich deren Kampftechniken, in- und außerhalb der Klostermauern.

Die unterschiedlichen äußeren, harten Stile können also in erster Linie als Erweiterung der ursprünglichen Kampfkunst der Shaolin angesehen werden und beinhalten deren Grundprinzipien in mehr oder weniger modifizierter Form.

Wurde ein bestehender Stil durch neue Erkenntnisse erweitert oder mit den Prinzipien eines anderen Stils vermischt, entstanden innerhalb der Generationsfolge eines Stils oft Unterstile.

So teilte sich das *tang lang quan* schon in den frühen (wahrscheinlich schon der 2. Generation) in drei Zweige, die heute die drei großen Unterstile sind:

Mei hua tang lang quan
(Pflaumenblüten Gottesanbeterinnen-Stil)

Qi xing tang lang quan
(Sieben Sterne Gottesanbeterinnen-Stil)

Liu he tang lang quan
(Sechs Prinzipien Gottesanbeterinnen-Stil)

Das *tai ji mei hua tang lang quan* ist wiederum ein Unterstil des *mei hua tang lang quan* und beinhaltet zusätzlich noch die weichen Prinzipien der inneren Stile.

Übungsformen (*tao lu*)

Am Anfang eines neuen Systems oder Stils gab es immer nur neue Techniken, bzw. eine neue Methode oder Idee für einen Zweikampf.

Nach und nach wurden diese Techniken zu Übungszwecken dann in festen Bewegungsabläufen, den Formen (*tao lu*), zusammengefasst. Auf diese Weise konnte gewährleistet werden, dass die neuen Erkenntnisse nicht verloren gingen und diese Techniken und Methoden durch ständiges Training erhalten werden.

Das Training dieser stilspezifischen Übungsformen macht einen großen Teil traditioneller chinesischer Kampfkunst aus.

Je nach Stil gibt es dabei, neben den waffenlosen Formen, auch stielspezifische Übungsformen mit Waffen. Jedoch sind die meisten Waffenformen eher stielunabhängig und lehren die entsprechenden Eigenheiten und Anwendungsmöglichkeiten der entsprechenden Waffe. Techniken, Kampfprinzipien und besonders die Beinarbeit haben sich dabei über Generationen immer weiter an die stilspezifischen Merkmale des entsprechenden Stils angenähert. So wird z.B. eine ursprünglich gleiche Säbelform in einem Gottesanbeterinnen-Stil anders aussehen als im Tiger-Stil.

Die waffenlosen Übungsformen eines traditionellen Stils trainieren dessen Techniken und Kampfstrategien.

Sifu Frank Greinacher (Shaolin Hung Choy) definiert die Formen eines Stils folgendermaßen:

„Die Formen sind vergleichbar mit einem Nachschlagewerk, in dem alle wichtigen Elemente des Stils enthalten sind. Sie werden daher unverändert über Generationen vom Meister zum Schüler weitergegeben, um das Wissen um die speziellen Techniken zu sichern. Durch das Ausführen der Formen kann man sich sowohl körperlich als auch mental auf Kampfsituationen vorbereiten."

Auch wenn der Ablauf dieser Übungsformen festgelegt ist und so vom Lehrer an den Schüler unverändert weitergegeben wird, sollte nicht der Eindruck entstehen, dass es sich dabei um die Weitergabe von reinen Techniken handelt. Vielmehr geht es um ein ganzheitliches Konzept für einen Kampf. Diese Konzepte sollen durch das ständige Widerholen verinnerlicht und zu natürlichen Reaktionen werden. So wird man in einer Kampfsituation bei einem bestimmen Impuls automatisch mit einer entsprechenden Reaktion antworten.

Verschiedene Stile haben unterschiedliche Herangehensweisen und Antworten auf Angriffe.

Besonders in den Tier-Stilen sind diese Unterschiede sehr gut zu beobachten. Ein Tiger kämpft anders als eine Gottesanbeterin. Ein kleiner Affe bewegt sich anders als ein Gorilla.

Für ihren Lebensraum haben alle ihr eigenes Überlebens- und Kampfkonzept.

In der Regel gibt es drei unterschiedliche Arten von Formen.

In den **Handformen** sind die Prinzipien, Kampf- und Verteidigungsstrategien eines Stils verankert.

Die Handformen eines Systems sind in der Unterrichtsreihenfolge immer nach Schwierigkeitsgrad angeordnet.

Anfängerformen beinhalten immer Grundprinzipien und trainieren Stand- bzw. Schrittwechsel oder Kraft und Ausdauer, während in den fortgeschrittenen Formen komplizierte Kampf- und Verteidigungstechniken verankert sind.

Viele Stile haben darüber hinaus Familien- oder Geheimformen, d. h. Formen, die nur an die Meister des Stils weitergegeben werden.

Bei den **Waffenformen** sind die Techniken und Bewegungsabläufe in erster Linie von Art und Beschaffenheit der Waffen abhängig.

Manche Techniken entwickelten sich aus Erfahrungen während der Jagd, andere aus Überlegungen, wie ein bestimmter Angriff mit der vorhandenen Waffe pariert werden konnte.

Neben den Waffen, die speziell gegen den Einsatz vorhandener Waffen erfunden wurden, hat sich ein Großteil wie Tonfa, Sichel, Chakku, Dreschflegel und

Mönchsspaten, aus einfachen Landwirtschaftsgeräten entwickelt.

Obwohl die meisten Stile Chinas zuerst waffenlos entwickelt wurden, konnten deren Prinzipien, wie Schrittarbeit oder Kampfstrategie, zur Erhöhung der Effektivität später auch auf entsprechende Waffen umgesetzt werden.

Die Waffenformen unterteilen sich wiederum in Langwaffen, Kurzwaffen und flexible Waffen.

Beispiele für **Langwaffen** sind:

-*Hellebarde*
-*Langstock*
-*Speer*
-*Mönchsspaten*

Beispiele für **Kurzwaffen** sind:

-*Säbel*
-*Schwert*
-*Tigerhaken*
-*Axt*
-*Dolch*
-*Kurzstock*
-*Sichel*

Beispiele für **flexible Waffen** sind:

-*Chakku*
-*Drei-Glieder-Stab*
-*Kettenpeitsche*
-*Kometball*

Die am häufigsten vertretenden Waffenformen neben dem Langstock, der sich aus dem Wanderstock entwickelt haben soll, sind Bewegungsabläufe mit den typischen Armeewaffen: Speer, Säbel, Schwert und Hellebarde.

Die dritte Kategorie sind die **Partnerformen**. Diese werden meist zu zweit und gelegentlich auch mit mehreren Partnern ausgeführt.

Hierbei unterteilen diese sich wieder in Waffen- und waffenlose Formen.

In Partnerformen können Aktion und Reaktion innerhalb des gleichen Systems geübt werden.

Die Formen eines Systems werden mehr oder weniger modifiziert von Generation zu Generation vom Lehrer an den Schüler weitergegeben.

Sicherlich wurden nicht alle Formen vom Begründer des jeweiligen Stils entwickelt.

Vielmehr entstanden viele und größtenteils sogar die meisten Formen in den Systemen erst in späteren Generationen, d. h. durch Einflüsse anderer Stile sowie Erfahrungen die in Kampf- und Trainingssituationen gewonnen wurden und in neuen Formen zusammengefasst wurden.

So kann man immer wieder feststellen, dass in verschiedenen Familienzweigen eines Kung Fu Stils neben den alten Formen auch unterschiedliche neuere oder fremde Formen existieren, die dann nur in diesem

Familien- oder Generationszweig weitergegeben werden.

 Auch ohne Forschungsarbeit lässt sich schnell eingrenzen, welche zu den alten Formen eines Stils gehören.

Es handelt sich dabei um die Formen, die in völlig verschiedenen Generationszweigen und Stammbäumen wieder zu finden sind.

Modernes Kung Fu

Gerade in China, dem Ursprungsland, hat das Kung Fu im letzten Jahrhundert eine große Wendung erfahren.

Im Zuge der politischen Umgestaltung waren die Traditionen der alten Schulen nicht mehr erwünscht. Mit ihrer familiären Hierarchie waren sie schwer zu verwalten, denn die Loyalität der Schüler galt einzig ihrem Meister.
Auch die Verbindung zwischen vielen Kung Fu Schulen und den Geheimbünden galt es in diesem Zusammenhang aufzulösen und zu zerstören.
Aus diesem Grund ließ die Partei durch mehrere Lehrer eine neue Kampfkunst für das Volk entwickeln.

Dieser Stil, der heute weitgehend als *wu shu* bezeichnet wird, legt seinen Schwerpunkt eher auf Sportlichkeit und Akrobatik als auf Anwendbarkeit.

Er wird bis heute fast überall in China staatlich gefördert.

So wurden aus Meistern Lehrer, die keinen Einfluss mehr auf die gesellschaftliche Gesinnung haben sollten. Ältere Schüler, denen früher Achtung und Respekt gebührte, wurden zu Mitschülern.
Dank und Hochachtung für die erlernten Fähigkeiten wurde durch Leitsprüche wie:

„Miteinander lernen und trainieren", ersetzt.

Zwar haben sich einige alte Rituale wie z.B. das An- und Abgrüßen auch im modernen Kung Fu gehalten, entbehren aber heute ihrem tieferen, traditionellen Sinn.

Im Zuge dieser Umwandlung, die sich über ganz China zog, wurden viele alte Stile vergessen und starben letztendlich aus.
Nicht selten kam es in diesem Zusammenhang sogar zur Verfolgung bis hin zu Tötungen alter Meister innerhalb des Volkes.

Neben dem staatlich geförderten, modernen Kung Fu existieren aber einige traditionelle Stile bis heute weiter.
Neben den modernen finden regelmäßig Turniere der alten Stile statt und erfreuen sich wieder großer Beliebtheit.

Kampfkunst und Kampfsport

Der Sinn der Kampf- und Kriegskünste ist und war in erster Linie das Ziel, eine Auseinandersetzung unter Einsatz sämtlicher Möglichkeiten für sich zu entscheiden.
Die drei Grundpfeiler für eine überlegene Kampfkunst sind Fertigkeit, Wissen und Erfahrung.

Sicherlich wurden hierbei in den verschiedenen Stilen unterschiedlichste Strategien entwickelt, doch eines haben sie alle gemeinsam:

Es gibt grundsätzlich keine Regeln.

Um jedoch seine Fertigkeiten zu trainieren und Erfahrung zu gewinnen, musste eine Möglichkeit geschaffen werden, sich zum Training im Kampf zu messen, ohne dabei stark verletzt zu werden.
Dies bedeutet Regeln, Schutzkleidung und im Waffenkampf stumpfe Waffen.

Schon die Möglichkeit des „Aufgebens" ist eine Regel, denn in einem ernsthaften Kampf könnte sich dahinter eine List verbergen.

In dem Moment, in dem einem Kampf ein Reglement zugrunde liegt, wird aus der Kampfkunst ein Kampfsport.

Aus dieser Sicht muss sich also parallel zu den regellosen Kampfkünsten, der Kampfsport als Trainingsmethode für den Ernstfall entwickelt haben.

Ritterspiele oder Fechten sind Beispiele hierfür aus unserem Kulturkreis.

Viele dieser alten Trainingsmethoden haben bis heute als Sportarten überlebt und werden sogar bei den olympischen Spielen praktiziert.

Selbst in der Natur, z.B. bei jungen Raubkatzen wird in spielerischen Übungskämpfen, mit einer angeborenen Aufgabegeste, für das später Überleben trainiert.

Kampfkunst heute

Durch die Entwicklung von modernem Kriegsgerät und einer erhöhten Sicherheit im täglichen Leben sind die Kampfkünste besonders in unserem Kulturkreis verdrängt bzw. nahezu überflüssig geworden.

In einer friedlichen, funktionierenden Gesellschaft steht die Wahrscheinlichkeit in eine lebensbedrohliche Situation zu kommen nicht in Relation zum Aufwand, der zum Erlernen einer Kampfkunst betrieben werden muss.

Ein altes chinesisches Sprichwort lautet:

-Quan lian qian bian yong zai yi shi-

1000-mal Üben damit es einmal funktioniert.

Da es aber zu jeder Zeit Menschen gab und geben wird, die teils aus Gründen der eigenen Sicherheit oder aufgrund des gesundheitsfördernden Aspekts der Kampfkünste diesen Aufwand betreiben, blieben und werden die Kampfkünste weiter bestehen.

Der Ableger der Kampfkünste, der Kampfsport hat in den letzten dreißig Jahren einen nicht abnehmenden Aufstieg und Gewinn an Popularität erlebt.

Diese Kampfsportarten werden heute fälschlicherweise oft als eigenes System und nicht als Teil einer Kampfkunst angesehen.

So ist z.B. Judo, die Fähigkeit den Gegner zu werfen, würgen oder zu hebeln nur ein kleiner Teil der komplexen alten Kampfkunst der Samurai.

Dem direkten Vergleich mit den alten Kampfkünsten werden diese Kampfsportarten in ihrer Effektivität also niemals standhalten können.

Im Gegensatz zu früher, als der Kampfsport als Trainingsvariante Teil der Kampfkünste war, hat er sich heute größtenteils von der Kampfkunst gelöst.

Im Vordergrund steht hier nicht mehr das Erlernen einer Gesamtfertigkeit, sondern bestimmte Techniken, die im sportlichen Wettkampf durch ein Reglement vergleichbar sind.

Ein weiterer Grund für die Popularität der Kampfsportarten und neuerdings auch der Kampfkünste ist sicher auch der „Kodex", die Verhaltensregeln und Riten, die sich in den Kampfkünsten und Kampfsportarten, stark durch den Buddhismus beeinflusst, entwickelt haben.

Diese sind:

Rechtschaffenheit, Ehrlichkeit, Loyalität und Fleiß.

Verhaltensregeln also, die jedem friedlichen Miteinander einer Gesellschaft zugrunde liegen sollten, aber als Preis für unseren hohen Lebensstandard immer weiter in Vergessenheit geraten.

Aufgrund der Komplexibilität und auch Brutalität der alten Systeme wird sich ein wirklicher Kampfkünstler auch immer intensiver mit dem „Warum" des Kämpfens und somit mit dem eigenen Selbst, als ein Kampfsportler beschäftigen.

Aus Übung entsteht Fertigkeit

Aus Überlegung entsteht Weisheit

Kapitel 2

Generelle Überlegungen zum *tang lang quan*

Abb. 4, *Wang Lang,* Begründer des *tang lang quan*

41

Entstehung des *tang lang quan*

Die Entstehungsgeschichte des *tang lang quan* sowie der meisten anderen traditionellen Stile wurde über Generationen mündlich überliefert.

Es existieren keine zeitgenössischen Aufzeichnungen über die Entstehung oder auch nur den genauen Herkunftsort seines Stilbegründers *Wang Lang*.

Im Shaolin Kloster von Henan soll eine große Bibliothek mit umfangreichen Aufzeichnungen über die verschiedenen Kung Fu Stile existiert haben. Doch diese wurde bei der Verbrennung des Klosters durch kaiserliche Truppen im Jahr 1723 vollständig zerstört.

Wie bereits beschrieben, entsteht ein neuer Stil immer aus der Verbindung neuer Eindrücke und Erfahrungen in mit dem bisher gelernten.

So kann man am Anfang wohl eher von einer neuen Methode als von einem neuen Stil sprechen.

Es vergingen sicher oft mehrere Generationen, bis ein ganzer Stil entstand und einen gewissen Grad an Bekanntheit erreicht hatte.

Laut Überlieferungen wurde nur die Mutterform des *tang lang quan „lan jie"* von *Wang Lang* selbst entwickelt.

Die anderen Formen des *tang lang quan* und somit ein Großteil der Techniken die den *tang lang* Stil heute ausmachen, wurden in späteren Generationen entwickelt.

Das Geburtsjahr des *tang lang quan* wird von den meisten Schulen kurz vor Beginn der Qing Dynastie (1644) angegeben.

Im Archiv der Stadt Qingdao existiert ein Buch aus der Ming Dynastie (1368-1644), in dem bereits das *tang lang quan* erwähnt wird.

Geht man davon aus, dass ein neuer Stil lange Zeit benötigt, bevor er einen gewissen Bekanntheitsgrad erreicht hat, so muss *tang lang quan* also deutlich älter sein.

Andere Quellen berufen sich auf Bücher vor unserer Zeitrechnung in denen bereits von Gottesanbeterinnen-Soldaten die Rede ist. Ob es sich hier jedoch um einen Zusammenhang mit dem *tang lang quan* handelt ist eher zweifelhaft, da sich diese Bezeichnung wohl eher auf die hakenähnlichen Waffen dieser Soldaten bezog.

Durch die rein mündliche Überlieferung haben sich in den verschiedenen Familienzweigen über Generationen abweichende Geschichten über die Entstehung des *tang lang quan* gebildet. Sicher ist auch nachvollziehbar, dass über einen großen Zeitraum mündlicher Überlieferung eine legendäre Geschichte um die Entstehung eines Stils entsteht.

In diesem Zusammenhang wollen wir nur auf die Punkte eingehen, in denen sich die Geschichten gleichen.

Wang Lang war ein Mann, der in seinem Leben bereits ein hohes Maß an Fertigkeit in den chinesisches

Kampfkünsten erreicht und bereits das Shaolin-Boxen *(shao lin quan)* erlernt hatte.

Lediglich an einem befreundeten Kämpfer, der das *tong bei quan* (offener, gestreckter Rücken-Stil) beherrschte, soll er ständig im Zweikampf gescheitert sein.

Irgendwann beobachtete *Wang Lang* eine Gottesanbeterin, die mit einem einzigen Fangschlag eine größenmäßig überlegene Zikade mit Leichtigkeit besiegte.
Fasziniert von der Schnelligkeit und Technik der Gottesanbeterin überlegte er, wie er die Fangtechniken des Insekts für den Zweikampf übernehmen könnte.
Zu diesem Zweck fing *Wang Lang* einige Gottesanbeterinnen und studierte lange Zeit ihre Angriffs- und Verteidigungsbewegungen, indem er sie immer wieder mit seinen Essstäbchen reizte.
Diese neuen Beobachtungen übertrug er auf den Zweikampf und verband sie mit seinen bisherigen Erfahrungen.

So stammt z.B. die heute stiltypische Beinarbeit *qi ling bu (*oder auch *tang lang bu)* im Gottesanbeterinnen Kung Fu von einer bestimmten Affenart.

Beim nächsten Zusammentreffen mit seinem Freund soll *Wang Lang* diesen problemlos überwunden haben und bezeichnete seine neue Technik als Gottesanbeterinnen-Faust (*tang lang quan*).

Die Frage, ob *Wang Lang* selbst ein Mönch des Shaolin Klosters war, ist umstritten, da es hierfür keinen Hinweis gibt.

In vielen Entstehungsgeschichten wird *Wang Lang* jedoch als Mönch und sein Freund als Abt eines anderen Klosters beschrieben.

Die fünf Prinzipien des *tang lang quan*

Die spezifischen Merkmale des *tang lang quan* wurden von *Wang Lang* durch 5 Prinzipien (*yuan ze*) definiert.

Bei genauerer Betrachtung kann man feststellen, dass sich diese Prinzipien auch im täglichen Leben anwenden lassen.

Suo
(schrumpfen, sich ducken, zusammenziehen)

Dem Gegner durch Haltung in Verteidigung und Angriff ein möglichst kleines Ziel bieten.

Xiao
(klein)

Kurze, schnelle Bewegungen, die es ermöglichen, schnell wieder in eine sichere Verteidigungsposition zu wechseln und keine Angriffsmöglichkeiten zu bieten.

Ruan
(weich)

Die Energie des Angriffs des Gegners umleiten und nicht durch hartes Blocken aufnehmen.

Durch Umleiten, die Energie des Angreifers gegen ihn selber nutzen.

Mian
(ununterbrochen)

Mit Folgetechniken angreifen und die Schwachpunkte bzw. Reaktionen des Gegners, die aus dem eigenen Angriff resultieren, für weitere Techniken ausnutzen.

Qiao
(trickreich, clever, geschickt)

Den Kopf benutzen!
Schwachpunkte des Gegners in seinen Angriffen erkennen und ausnutzen.

Z.B. einen Angriff des Gegners zum Kopf durch einen gleichzeitigen Tritt zum Knie des Gegners aufhalten.

Zwölf wesentliche Grundlagen des *tang lang quan*

Im Kampf arbeitet das *tang lang quan* überwiegend mit zwölf wesentlichen Grundlagen oder Techniken (*yao ling*).

Diese werden im Kampf kombiniert und sind somit das Handwerkszeug dieses Stils.

Der blitzschnelle Wechsel zwischen diesen 12 Kerntechniken macht die Besonderheit des Gottesanbeterinnen Kung Fu aus.

Zu den folgenden Begriffen sei an dieser Stelle gesagt, dass die chinesische Sprache über weitaus genauere Begriffe verfügt, um bestimmte Vorgänge zu beschreiben und somit eine genaue Übersetzung oft sehr schwerfällt.

ti
(heben, hochreißen)

na
(fassen, greifen)

feng
(schließen, den Gegner blockieren)

bi
(blocken, abwehren, sich selber schließen)

nian
(am Gegner haften, kleben)

zhan
(am Gegner haftend ableiten)

bang
(binden, fesseln)

tie
(nah am Gegner)

lai
(folgen, mit den Bewegungen des Gegners gehen)

jiao
(täuschen)

shun
(mit der Kraft gehen [ableitend])

song
(mit der Kraft gehen [schiebend])

Formen im *tai ji mei hua tang lang quan*

Da es sich, wie bei den meisten Kung Fu Stilen, beim *tang lang quan* um ein offenes, sich ständig weiterentwickelndes System handelt, sind in den verschiedenen Familienzweigen neben den Hauptformen, durch Einflüsse anderer Stile und eigener Entwicklungen neue Formen entstanden.

Die folgenden sind die Hauptformen des *wan fu hao* jia *tai ji mei hua tang lang quan*:

ced *Fan che* („Drehendes Rad")

Fan che ist in vielen *tang lang* Unterstilen die erste Form, die unterrichtet wird, obwohl sie mit ihren oft langen, ausladenden und kreisenden Bewegungen, die nicht den Prinzipien des Systems entsprechen, <u>definitiv keine</u> *tang lang quan* Form im eigentlichen Sinne ist.

Jedoch dienen gerade diese, an den Langfaust-Stil erinnernden Bewegungen, als Basis für die späteren kurzen, schnellen Bewegungen im *tang lang quan*.

Laut Aussage vieler Meister geht die Entwicklung von *fan che* auf General *Wu Sangui* (1612-1678) zurück und wurde zur Stärkung von Kraft und Kampftechniken für den Krieg entwickelt.

Ming General *Wu Sangui* öffnete die Tore der großen Mauer am Shanghai Pass für die Manchu Soldaten und war durch seinen Verrat somit entscheidend am Fall der Ming Dynastie beteiligt.

Beng bu („Berstender Schritt")

Beng bu gehört zu den alten Formen im *tang lang quan*.

Mit relativ wenigen Handtechniken dient sie als Basisform für die besondere Beinarbeit des Stils.

In China gibt es heute zwei unterschiedliche Schreibweisen für den Namen.

Zu der oben genannten existiert noch die Übersetzung „stolpernder Schritt" *(ban bu)*.

mei hua lu („Pflaumenblüten-Form")

Diese Form trägt ihren Namen, da die Anordnung ihrer Techniken oft der Form einer Pflaumenblüte gleichen.

Sie ist relativ kurz und beinhaltet im Vergleich zur *beng bu* mehr und vor allem kompliziertere Handtechniken.

tang lang tou tao
(„Die Gottesanbeterin stiehlt den Pfirsich")

Tang lang tou tao entstammt dem sieben Sterne
Gottesanbeterinnen Stil *(qi xing tang lang quan)* und
wurde sehr wahrscheinlich von Meister *Lo Kwan Yuk*
Anfang des 20. Jahrhunderts entwickelt.

Aufgrund ihrer Effektivität wurde sie später ins *tai ji
mei hua tang lang quan* übernommen und mit dessen
Prinzipien abgeändert.

Lan jie **(„Den Weg abschneiden")**

Lan jie ist die „Mutterform" des *tang lang quan*. Ihre
Entwicklung geht direkt auf dessen Stilbegründer
Wang Lang zurück.

Ihren Namen soll diese Form von den ersten
Erkenntnissen, die *Wang Lang* über die Strategie einer
Gottesanbeterin gewann, erhalten haben.

Er bezeichnete ihre Fangbewegungen mit den Begriffen
lan (versperren) und *jie* (unterbrechen, aufhalten).

Zhai yao Teil 1-6 („Das Wesentliche")

Zhai yao beinhaltet alle wesentlichen Techniken des *tang lang quan*. Aufgrund der Menge und der daraus resultierenden Länge dieser Form, ist sie in sechs Abschnitte unterteilt.

Durch *zhai yao* werden viele Variationen der „12 wesentlichen Ideen" *(yao ling)* trainiert und vor allem kombiniert.

Sie könnte somit als „best off" des *tang lang quan* bezeichnet werden und ist daher eher eine neuere Form.

Ba zhou Teil 1-4 („Acht Ellenbogen")

Ba zhou ist die eigentliche Familien- bzw. „-secret door" Form des *tai ji mei hua tang lang quan*.

Sie gehört zu den ältesten Formen des Stils und soll schon wenige Generationen nach Wang Lang entwickelt worden sein.

Neben den Prinzipien der Grundformen beinhaltet sie sehr effektive Techniken für den Kampf auf kürzeste Distanz, die in anderen Formen nicht gelehrt werden.

Um die kurze Kraft der Ellenbogen nutzen zu können, muss daher zuerst die Taillenkraft durch die Basisformen erlernt worden sein.

Ba zhou wird auf Turnieren und Vorführungen äußerst selten vorgeführt und bleibt den Meistern des *tai ji mei hua tang lang quan* vorbehalten.

Kapitel 3

Generelle Überlegungen zum Kampf

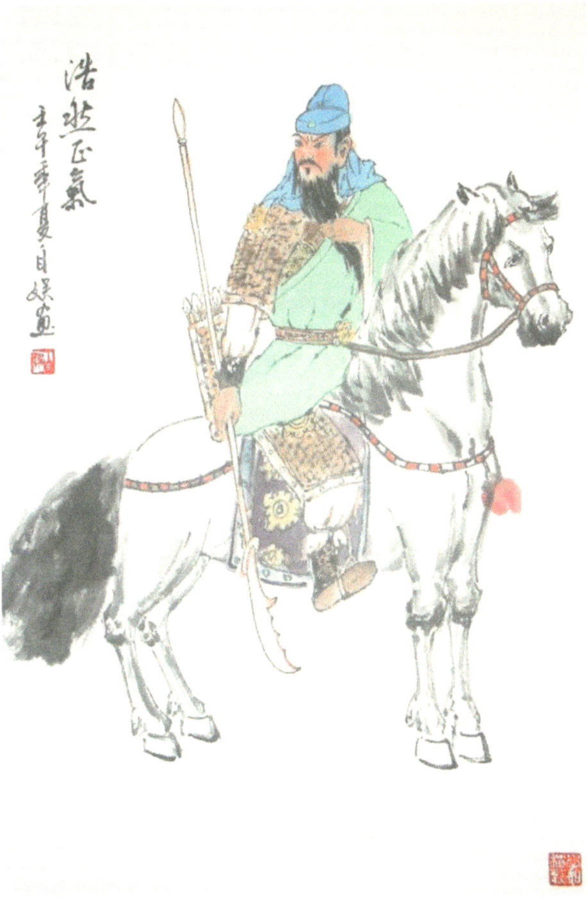

Abb. 5, ***General Guan Yu 162-220n. Chr.***
Schutzpatron der Kampfkunst

Sinn und Unsinn des Kämpfens

Der Grund Kampf zu erlernen ist es, seine Chancen im Zweikampf zu verbessern.

Dann ist das primäre Ziel, nicht mehr im Zweikampf zu verlieren.

Wer kämpft kann auch verlieren.

Wirklich „unbesiegbar" ist nur der, der nicht kämpfen muss und trotzdem seine Ziele erreicht.

Ist es da nicht unsinnig, so viel Zeit in das Erlernen von Kampf zu investieren?

Kampf zu trainieren ist der Weg zum „Nicht-kämpfen-wollen" und das Ziel, selbst in einer Verteidigungssituation das Erlernte nur zur reinen Verteidigung einzusetzen.

Wer Kampf erlernt, sollte also ebenso viel Zeit in das „warum" wie in das „wie" investieren.

(Tim Otte)

Die gängige Vorstellung über eine gewaltsame, waffenlose Auseinandersetzung- sprich Faustkampf ist heute stark von TV und Kino geprägt.

Tatsächlich stellen sich die meisten Menschen einen Straßenkampf wie ein Box- oder Kickboxkampf ohne Schiedsrichter vor.

Kommen Amateure oder Semi-Profis überraschend in eine entsprechende Situation, versuchen sie meist genau diese Kampfsportarten zu kopieren.

Man muss hier zwischen spektakulären Leinwanddarstellungen oder Turnierkämpfen mit festen Regeln und der leider allzu oft brutalen Realität unterscheiden.

Effektive Selbstverteidigung ist hässlich, konsequent und entbehrt jeglicher Regeln.
Sie hat absolut nichts mit der bekannten Ästhetik aus Kino oder Fernsehen zu tun.

„Nur wer den absoluten Willen hat, sein Leben und seine Gesundheit im Angriffsfall unter allen Umständen zu verteidigen und die Bereitschaft besitzt, hierzu sämtliche nötigen Mittel einzusetzen, egal wie schwer der Angreifer dadurch verletzt wird, ist in der Lage, sich im Ernstfall wirklich effektiv zu verteidigen."

(Tim Otte)

Der Einsatz der Faust im Zweikampf

Die Verteidigung eines Kampfkünstlers gleicht eher einem chirurgischen Eingriff als einem Boxkampf im herkömmlichen Sinne.

Effektive Verteidigung muss in Bezug auf mögliche weitere Gegner und die Gefahr der eigenen Verletzung schnell und präzise sein.

Das primäre Ziel ist <u>nicht</u> den Gegner zu verletzen, sondern dessen Verletzungen nur Mittel den Kampf unverzüglich zu beenden.

Der Einsatz einer herkömmlichen Faust ist in der Verteidigung des Lebens oft eher uneffektiv, da die wirklich empfindlichen Stellen des Gegners dazu nicht stark genug verletzt werden können.

Die alten Kung Fu Stile und auch das *tang lang quan* bieten viele verschiedene Handhaltungen, mit denen empfindliche Punkte effektiv angegriffen werden können.

In der Zeit, als die alten Kampfkünste entwickelt wurden, war die medizinische Versorgung aus heutiger Sicht schlecht. Ausgeraubt zu werden, konnte späteres Verhungern bedeuten.

Gerade die Beschäftigung mit den empfindlichen Bereichen und die punktgenaue Einwirkung auf solche macht daher die Effektivität der alten Stile aus.

Ein wirklicher Kampfkünstler der sich auch intensiv mit dem „warum" des Kämpfens beschäftigt hat, kennt die Auswirkungen seiner angewandten Techniken und sollte diese heute stets verhältnismäßig anwenden.

Wachsamkeit

Um gefährliche Situationen im Vorfeld zu umgehen oder von solchen nicht überrascht zu werden, ist neben den technischen Fähigkeiten, das Erlernen einer ständigen Wachsamkeit von höchster Bedeutung.

Die alten chinesischen Kampfkünste haben hierzu entsprechende Schlafhaltungen, Handhaltungen bei Begrüßungen und viele weitere Techniken gegen überraschende Angriffe entwickelt.

Das frühe Erkennen einer Gefahr nimmt einem späteren Angriff den Großteil des Überraschungsmoments.

Man kann beobachten, dass alte Kung Fu Meister nach Möglichkeit nie mit dem Rücken zur Eingangstür sitzen und in kürzester Zeit räumliche Gegebenheiten und deren mögliche Mittel zur Verteidigung registriert haben.

Wachsamkeit heißt auch, die Fähigkeit Körpersprache zu deuten.
Feinste Veränderungen in Haltung und Gesten des Gegenübers zu erkennen und wahre Absichten hinter gesprochenen Worten zu durchschauen.

In einer Gesellschaft, in der Stress und Hektik zum Alltag gehören, sollen „Abschalten" und „Ablenkung" der Entspannung dienen.

Das Erlernen einer ständigen Wachsamkeit ist daher heute einer der schwersten Bereiche der Kampfkunst und sollte ständig überprüft und trainiert werden.

Psyche - Der Weg zum Sieg

Der größte Teil der körperlichen Auseinandersetzungen wird nicht durch Schläge oder deren Einwirkung, sondern allein durch psychische Stärke gewonnen.

Man kann beobachten, dass Menschen von schwacher Statur körperlich überlegene Gegner mit wenigen Schlägen besiegen. Denkt man darüber nach und beobachtet genau, resultiert der Sieg nicht aus der Kraft der Treffer, sondern aus dem Willen mit dem sie ausgeführt wurden.

Die einzige Waffe eines Schlägers ist das Bewusstsein seiner physischen Stärke.

Die Waffen eines Kampfkünstlers sind zusätzlich ein ausgeglichener Geist und seine psychische Stärke.

Gerät man mit einem Schläger aneinander kann es sein, dass dieser überraschend den ersten Schlag landet. Das ist die einzige Waffe, die er zur Verfügung hat.

Ist der Geist offen und die Psyche stark, wird der Kampfkünstler die Überraschung und den Schmerz überwinden, da er gelernt hat, diese als natürliche Gegebenheit des Kampfes zu akzeptieren.

Wenn mit diesem Wissen selbst nach mehreren Treffern die eigene Verteidigung beginnt, ist der Gegner meist schon „entwaffnet" und wird mit Leichtigkeit zu besiegen sein.

In diesem Zusammenhang, ist ein einfacher Faustschlag oft ein gutes, weniger gefährliches Mittel, um einem ungeübten Angreifer, der z.B. in Wut oder im Zusammenhang mit Alkohol angreift, den eigenen Willen zur Verteidigung zu zeigen und dessen Psyche, bzw. Angriffswillen zu brechen.

Der „richtige" Moment

In einer möglichen, bevorstehenden Auseinandersetzung ist es notwendig zu erkennen, wann der „richtige" Moment erreicht ist.

D. h. man muss erkennen, wann der Einsatz von Gewalt als Mittel zur Verteidigung unumgänglich ist und die entsprechenden Mittel emotionslos und mit klarem Geist sofort einsetzen.

Oft werden gefährliche Situationen gerade von Anfängern unterschätzt. Doch schon ein einziger guter Treffer oder ein daraus resultierender Sturz, kann zu erheblichen, irreparablen Verletzungen bis hin zum Tod führen.

Es bedarf vieler Überlegungen zu verschiedenen Situationen, um diesen Moment auch in überraschenden Situationen klar zu erkennen. Daher ist es wichtig, sich jederzeit über Umgebung und Situation bewusst zu sein und entsprechende Überlegungen zu einem Teil des täglichen geistigen Trainings zu machen.

Je erfahrener ein Kämpfer ist, umso später wird er genötigt sein, körperliche Mittel zur Verteidigung einzusetzen. Dies liegt neben den kämpferischen Fähigkeiten sicherlich an der Tatsache, dass die eigentliche Verteidigung schon vorher durch Körpersprache und sicheres Einschätzen der Situation begonnen hat.

Anfänger werden also immer eher zum Einsatz gewaltsamer Mittel greifen, da sie durch eine entsprechende Situation meist überfordert sind.

Für Anfänger und Fortgeschrittene gilt aber gleichermaßen:

Hat man den „richtigen" Moment verpasst, wird sich die eigene Situation immer verschlechtert haben.

Entweder ist die Situation eskaliert, die Gegner haben inzwischen eine bessere Angriffsposition eingenommen, oder die Psyche des Gegners wurde zu den eigenen Ungunsten gestärkt.

*Jene, die wissen, wann sie kämpfen
und wann sie nicht kämpfen wollen,
werden siegen.*

Sun Tsu

Kapitel 4

Praxis im *tai ji mei hua tang lang quan*

Abb. 6

Umsetzung der Prinzipien des *tang lang quan* im Kampf

suo
(schrumpfen, sich ducken)

Dieses Prinzip beschreibt zum einen Stand und Körperhaltung im Kampf.

Außerdem beschreibt es die eigene Reaktion, wenn ein gegnerischer Angriff erfolgt.

Durch eine geduckte Ausgangshaltung wird dem Gegner eine größere Distanz und damit Sicherheit durch Entfernung vorgetäuscht. Durch eine zusammengezogene Haltung sind Muskeln bereits kontrahiert und schützen den Körper. Gebeugte Gelenke sind widerstandsfähiger und weniger anfällig gegen Hebeleinwirkungen.

Am Gegner, d.h. im Moment des eigenen Angriffs bietet eine geduckte Körperhaltung ein Minimum an eigener Angriffsfläche und bedeutet oft fast völlig aus dem Sichtfeld des Gegners verschwunden zu sein.

Das Prinzip *suo* verinnerlicht zu haben bedeutet, zu erkennen, dass die eigene Körperhaltung im Kampf Entfernungen und mangelnde Reichweite vortäuschen kann und grundsätzlich immer für die eigenen Angriffspunkte verantwortlich ist.

xiao
(klein)

Durch kurze und vor allem schnelle, ansatzlose Angriffe wird das Konzept des Gegners gestört. Kurze Bewegungen ermöglichen es, in einem geringen Zeitraum viele Angriffe gegen den Körper des Gegners anbringen zu können.

Bei kleinen Angriffen ist die Körperhaltung eher zusammengezogen, wodurch trotz eigenem Angriff ein hohes Maß an Deckung erhalten bleibt und auf Konterangriffe schneller reagiert werden kann.

Die Schritttechniken im *tang lang quan* ermöglichen es durch den typischen Schritt, *qi ling bu* (oder auch *tang lang bu*), aus weiter Entfernung blitzschnell am Gegner zu sein.

Wie eine lauernde Gottesanbeterin in Gebetshaltung, die zuschlägt, werden plötzlich die Gliedmaßen gestreckt und die Entfernung zum Gegner überwunden.

Das Prinzip *xiao* verinnerlicht zu haben bedeutet, zu erkennen, dass viele kleine Angriffe sicherer zum Sieg führen, als ein großer Angriff, bei dem die Deckung vernachlässigt wird oder zu lange auf den „richtigen" Moment gewartet wird.

ruan
(weich)

Einen Schlag oder Tritt durch eine direkte Gegenbewegung zu blocken verhindert zwar auch den Treffer, jedoch muss die gesamte Energie des Angriffes durch den eigenen Körper aufgenommen werden. Dies stört entweder das eigene Gleichgewicht oder zwingt dazu, einen festen, unflexiblen Stand gegen die Bewegung, aus welcher der Angriff erfolgt, einzunehmen. Bewegungs- und Konterfähigkeit werden hierdurch stark beeinträchtigt.

Durch weiche Bewegungen, d.h. ein Ableiten oder Ablenken der Energie eines Angriffes, ist nur wenig Kraft zum Parieren notwendig. Die Energie eines Angriffes kann zum Gegner zurückgeführt oder die eigene Blockbewegung zu einem Angriff weitergeleitet werden. Durch weiches Ableiten von Angriffen werden diese oft verlängert, wodurch die Gelenke des Gegners gestreckt und somit empfindlich und angreifbar sind.

Wird die Energie eines Angriffs weitergeleitet und direkt in diese Bewegung gekontert, addieren sich die Kräfte. Der eigene Angriff wird somit verstärkt.

Das Prinzip *ruan* verinnerlicht zu haben bedeutet, zu erkennen, dass Schnelligkeit und somit die Fähigkeit zu kontern nur aus der eigenen Weichheit entstehen kann.

mian
(ununterbrochen)

Oft wird der erste Angriff vom Gegner pariert, doch geben diese Blockbewegungen meist andere Körperstellen frei, die angegriffen werden können. *Tang lang* zu kämpfen bedeutet, auf allen Ebenen anzugreifen, um Reaktionen des Gegners zu erzwingen. Sei es um einen Arm zu greifen und kontrollieren, ihn zu hebeln oder durch einen hohen Scheinangriff zum Kopf die Körperdeckung des Gegners zu öffnen.

Das Prinzip *mian* verinnerlicht zu haben bedeutet, zu erkennen, dass aus einer schnellen Folge von Angriffen und Scheinangriffen Schwächen in der Deckung des Gegners resultieren und neue Angriffspunkte freigegeben werden.

qiao
(trickreich, clever, geschickt)

Um erfolgreich einen Zweikampf zu bestehen, ist das reine Trainieren von Schlägen, Tritten oder komplexen Technikabläufen allein nicht ausreichend. Die Möglichkeiten von Angriffen oder Kampfsituationen sind unendlich und kein Kampf gleicht bis ins Detail einem anderen. Somit ist es auch unmöglich, für jeden Angriff eine spezielle Gegentechnik parat zu haben.

Das Prinzip *qiao* verinnerlicht zu haben bedeutet, während eines Angriffes das Gesamtbild des Gegners zu sehen.

Seine, aber auch die eigenen Schwachpunkte in diesem Moment zu erkennen und sich nicht nur auf das angreifende Körperteil zu konzentrieren.

Stände (*bu fa*)

Stände und Schrittwechsel sind die Basisfertigkeiten
aller Kung Fu Stile und Voraussetzung für effektive
Selbstverteidigung.

Eine ausgefeilte, schnelle Beinarbeit ist Grundlage für
schnelle Körperbewegungen.
Die Schlagkraft im Kung Fu beginnt überwiegend in
den Beinen und setzt sich über die Taille zu den Armen
fort.
Wie bereits vorher beschrieben, gehört *tang lang quan*
zu den nördlichen Stilen.
Aufgrund der Bodenbeschaffenheit war daher die
Entwicklung einer ausgefeilten Beinarbeit mit vielen
schnellen Stand- und Schrittwechseln möglich, die
Effektivität und Schnelligkeit dieses Stils ausmachen.
Diese stiltypische Beinarbeit (*bu fa*) wird entweder für
tiefe Tritte oder Würfe angewandt.

Genau genommen ist *qi ling bu* der einzig wirkliche
„Stand" im *tai ji mei hua tang lang quan*. Trotz seiner
Stabilität ermöglicht er schnelle, sichere Vor- und
Rückwärtsbewegungen und ist somit Ausgangs- oder
Wachsamkeitsposition.
Alle anderen Stände sind Übergänge, Beinhebel, Würfe
oder kurzzeitige Positionen für Ausweich- oder
Konteraktionen.
Im *tai ji mei hua tang lang quan* gibt es acht wesentliche
Stände, welche mit ihren Anwendungsbereichen im
Folgenden erklärt werden.

Qi ling bu, (Abb. 7)

Qi ling bu („stehen wie ein *qi ling*") wurde nach einem
Fabelwesen benannt und ist der häufigste Stand im *tai
ji mei hua tang lang quan*.
Er ist sehr flexibel und ermöglicht das Überwinden
großer Entfernungen im Kampf.

Als Grundstand *des tang lang quan* wird er heute auch
oft als *tang lang bu* bezeichnet.

Abb. 7

Ma bu, (Abb. 8)

Ma bu (Pferdestand) gleicht der Haltung eines Reiters auf einem Pferd und zeichnet sich durch hohe Stabilität aus.

Abb. 8

Xu bu, (Abb. 9)

In *xu bu* (vorgetäuschter Stand), ruht das gesamte Gewicht auf dem hinteren Bein. Er ermöglicht schnelle Reaktionen für Angriff und Verteidigung mit dem vorderen Bein.

Abb. 9

Ta bu, (Abb. 10)

Ta bu (einstürzender Stand) dient zum Fegen, Werfen, Hebeln oder zur Kontrolle des Gegners durch das vordere Bein.

Abb. 10

Du li bu, (Abb. 11)

Du li bu (einbeiniger Stand) wird für ziehende, ableitende Bewegungen verwendet oder dient als Schutz gegen tiefe Tritte, bzw. als Vorbereitung für einen Tritt. Dabei schützen Knie- und Fußhaltung den Genitalbereich und das Knie des Standbeines.

Abb. 11

83

Xie bu, (Abb. 12)

Xie bu (Pausenstand) wird überwiegend als Wechsel zwischen zwei Ständen verwendet und dient so einem sicheren „Herantasten" an den Gegner.

Abb. 12

Pu bu, (Abb. 13)

Pu bu oder *Da hu shi* („Tigerstand") wird häufig für ableitende Bewegungen nach hinten verwendet.

Abb. 13

Ding bu, (Abb. 14)

Der Stand ***ding bu*** trägt seinen Namen, da er im
Aussehen dem alten Schriftzeichen *ding* (erwachsen)
ähnelt. Er wird für schnelle, rückweichende
Bewegungen oder als Vorbereitung für Beintechniken
eingesetzt.

Abb. 14

Gute Stände und das Wissen, für welche Aktion der entsprechende Stand sinnvoll ist, sind die Grundlage für kraftvolle Schläge, Tritte und die Fähigkeit zu kontern.

Handhaltungen

Wie bereits erwähnt, ist der Einsatz der einfachen Faust im Zweikampf oft nicht effektiv genug.

Tang lang quan beinhaltet daher eine Vielzahl verschiedener Handhaltungen, die neben Schlägen zum Kontrollieren, Greifen, Ziehen, Stechen und Hebeln verwendet werden.

Die einfache Faust, Rückhandschläge, einfache Fingerstiche, gerade Handkanten, Adler-Spatzen-Hand, sowie die verschiedensten Greiftechniken sind genauso häufig vertreten, wie in den meisten anderen Stilen.

Basierend auf den zwölf wesentlichen Ideen spricht man im *tai ji mei hua tang lang quan* jedoch von fünf typischen Handhaltungen.

Tang lang gou

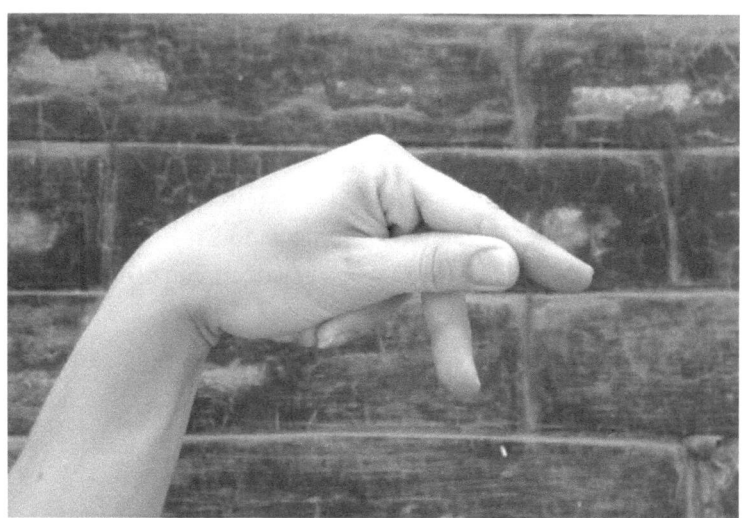

Abb. 15

Tang lang gou (Gottesanbeterinnen-Haken) wird bei Abwehrtechniken zum Ableiten und Kontrollieren verwendet und ermöglicht aus der Kontrolle der gegnerischen Gelenke schnelle Fingerstiche zu den Augen.

Außerdem werden aus dieser Handhaltung viele Blöcke und Angriffe mit dem Knochen des Handgelenks ausgeführt.

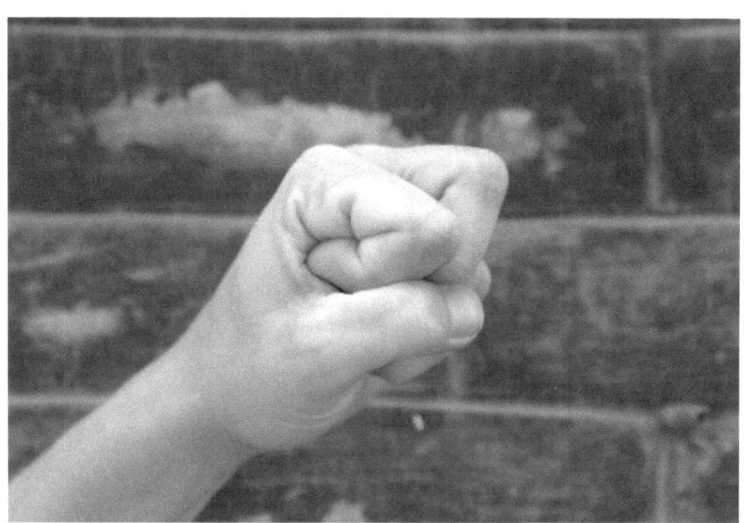

Abb. 16

Tang lang quan (Gottesanbeterinnen-Faust) ermöglicht punktgenaue Angriffe gegen Nervenpunkte, Augen und andere empfindliche Stellen des Körpers.

Trefferfläche ist dabei das mittlere Gelenk des Mittelfingerknochens.

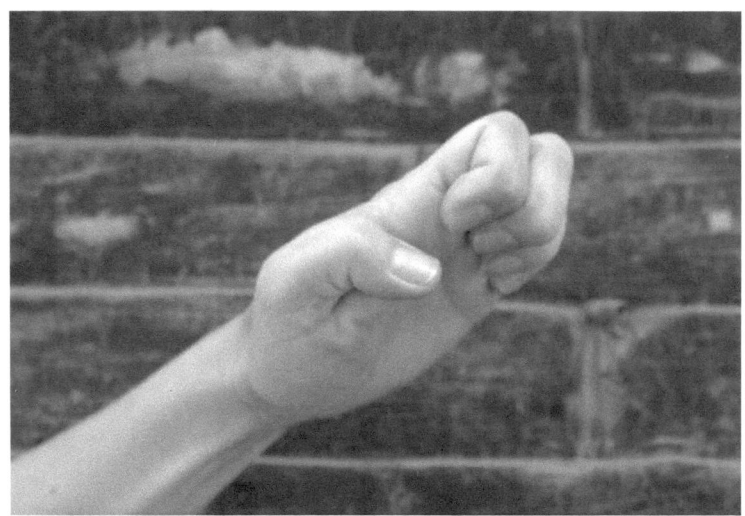

Abb. 17

Suo hou quan (die „Kehle verschließende Faust") wird, wie bereits ihr Name besagt, zu gezielten Angriffen auf den Kehlkopf eingesetzt.

Abb. 18

Li zhang (stehende Handfläche) wird, neben gezielten Handkantenstößen, überwiegend bei Angriffen auf die Gelenke angewendet.

Tang lang quan beinhaltet viele Techniken, bei denen die Gelenke des Gegners überstreckt, gehebelt oder direkt angegriffen werden.

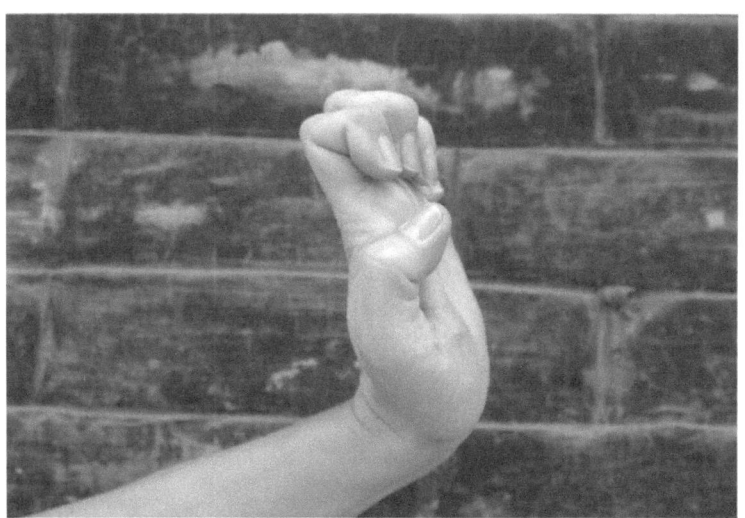

Abb. 19

Pu zhang (entgegenschlagende Handfläche) wird hauptsächlich für kraftvolle Stöße zum Solarplexus oder unter das Kinn angesetzt. Trefferfläche ist dabei der untere Teil des Handballens.

Einsatz der Kraft (*jing li*)

In den verschiedenen Kung Fu Stilen wird die Körperkraft unterschiedlich, d.h. abhängig von den Prinzipien auf denen der Stil beruht, eingesetzt.

Die Merkmale, bzw. der „Weg der Kraft" im *tang lang quan,* werden in drei Sätzen definiert:

1. Si mian ying rao

In alle vier Richtungen umkreisend.

2. Shang xia bian huan

Oben und unten rasch wechselnd.

3. Jing li lian mian bu duan

Aufeinanderfolgende, ununterbrochene Kraft ohne Stopp.

Es sei an dieser Stelle noch einmal darauf hingewiesen, dass die chinesische Sprache über weitaus genauere Begriffe zur Beschreibung von Vorgängen verfügt als die unsere. Daher ist eine Übersetzung nur sinngemäß möglich.

Anwendungen

Im folgendem werden einige Anwendungen aus dem *tai ji mei hua tang lang quan* erklärt.

Sie sollen einen kurzen Einblick vermitteln, wie die Prinzipien des Stils in der Praxis umgesetzt werden.

Stände, Schrittwechsel, Handhaltungen und die Kenntnis der empfindlichen Punkte des Körpers sind für das sinnvolle Üben der Anwendungen Voraussetzung.

Außerdem sollte darauf geachtet werden, dass der Weg der Kraft wie bereits beschrieben verläuft.

Beim Üben mit einem Partner sollten die Anwendungen zuerst langsam geübt und die Geschwindigkeit erst später erhöht werden, um das Verletzungsrisiko zu verringern.

Für Anfänger empfiehlt es sich, für realitätsnahe Übung entsprechende Schutzkleidung zu tragen.

In den folgenden Beispielen wird der Angreifer immer mit dem Buchstaben „A", der Verteidiger mit „V" bezeichnet. In den eckigen Klammern [....]werden die entsprechenden Handhaltungen beschrieben.

„Die Augenbrauen schminken" *(miao mei hua yan)*

A greift mit einer Geraden zum Kopf an (Abb 20).

V lenkt den Fauststoß in einer Halbkreisbewegung
[*tang lang gou*] nach rechts ab (Abb. 21).

V kontert von rechts nach links mit einer
Schnittbewegung der Fingerspitzen durch die Augen
(Abb. 22).

„Die Faust in die Lücke und den Dorn ins Auge stecken" *(cha chui dian yan)*

A greift mit einer Geraden zum Kopf an (Abb. 23).

V leitet den Angriff mit links am Kopf vorbei (Abb.24).

Während V mit links den Ellenbogen des angreifenden Arms weiter kontrolliert und so A blockiert, kontert V gleichzeitig mit einem rechten Schlag [*tang lang quan*] zur kurzen Rippe.

V streckt sich und kontert mit einem Stich zu den Augen.
V zieht die rechte Hand an die Hüfte zurück (Abb. 25).

„Berstender Schlag – heimliche Faust"
(beng da tou shou)

A greift mit einer Geraden zum Kopf an (Abb. 26).

V leitet den Schlag nach rechts ab und kontert mit einem rechten Rückhandschlag zur Schläfe. A blockt (Abb. 27).

V drückt den abgeleiteten Schlag nach oben, um A zu blockieren und kontert mit einer Rechten [*tang lang quan*] zum Unterleib.

Dabei bewegt sich V mit *qi ling bu* vorwärts (Abb. 28).

"Doppelt heben – doppelt hacken"
(shuang ti shuang duo)

A greift mit einem beidhändigen Würger an (Abb. 29).

V reißt die Arme V-förmig nach oben [*tang lang gou*]
und löst den Würgeangriff (Abb. 30).

V kontert mit einem Doppelschlag von oben zum
Solarplexus (Abb. 31).

"Drei Hände pflücken"
(cai san shou)

A greift mit einer Geraden zum Kopf an (Abb. 32).

V leitet den Schlag zuerst mit rechts am Kopf vorbei
und übernimmt am Ellenbogen mit der linken Hand
(Abb. 33).

V kontrolliert weiter den Ellenbogen mit der rechten
Hand und kontert mit einem Schlag zum Kehlkopf [*suo
hou quan*]. Dabei bewegt sich V mit dem vorderen Bein
vorwärts, um sein Körpergewicht einzusetzen (Abb.
34).

"Schließende Hände"
(bi shou)

A greift mit einem Halbkreistritt zum Genitalbereich an (Abb. 35).

V leitet den Tritt mit beiden Händen kreisförmig am
Körper vorbei (Abb. 36).

V führt die Kreisbewegung aus dem Ableiten weiter und kontert mit den Handkanten [*li zhang*] zu Halsschlagader und Solarplexus (Abb. 37).

122

"Der weiße Kranich trocknet seine Flügel"
(bai he liang chi)

A greift mit einer Geraden zum Kopf an (Abb. 38).

V leitet den Schlag mit der linken Hand rechts am Kopf vorbei. Während V einen Schritt vorwärts macht, senkt sich der rechte Arm (Abb. 39).

V kontert gleichzeitig mit einem Fingerspitzenschlag
zu den Augen und einem Tritt in den Genitalbereich
(Abb. 40).

Das Anwendungstraining beinhaltet lediglich mögliche Reaktionen auf einen Angriff, in denen die Prinzipien des Stils trainiert werden.
Es sollte keinesfalls als festgelegte Reaktion auf den entsprechenden Angriff angesehen werden.

Erst wenn Verteidigungsaktionen ohne vorherige Planung aus dem Unterbewusstsein erfolgen,
hat man die Prinzipien eines Stils verinnerlicht.

Abb. 41, *(Quan lian qian bian yong zai yi shi)*

Eine alte chinesische Weisheit besagt:

Kuai shi man –man shi kuai

(Schnell ist langsam –Langsam ist schnell)

Nur das sorgfältige Üben und ständige Wiederholen der Techniken führt letztendlich zur Perfektion.

Besonders in der Selbstverteidigung, wenn es also um den Schutz der eigenen Gesundheit geht, ist dies das oberste Gebot.
Was nutzen einem unzählige Techniken, wenn man nicht eine davon beherrscht.

Grundsätzlich ist neben dem reinen Kung Fu Training lediglich das Dehnen von Muskulatur und Sehnen notwendig.
Da sich beim Kung Fu Belastung und Entspannung in schneller Folge abwechseln und alle Muskelgruppen beansprucht werden, handelt es sich aus sportmedizinischer Sicht um ein ganzkörperorientiertes Training, das sich positiv auf das Herz-Kreislaufsystem auswirkt.
Ein weiterer, positiver Effekt ist die Steigerung der Motorik. Neben einer erhöhten Mobilität bis ins hohe Alter, ermöglichen die motorischen Fähigkeiten präzise Reaktionen des gesamten Körpers und vermindern z.B. das Verletzungsrisiko bei Stürzen.

Das Training wird traditionell in vier Bereiche eingeteilt, die zum Erlernen neuer Techniken in entsprechender Reihenfolge ablaufen.

1. Basis- und Techniktraining

Im Basis- und Techniktraining werden Stände, Körperhaltung und Ablauf der neuen Bewegungen erklärt, wiederholt und verbessert. Ohne Partner werden so Bewegungsabläufe geübt, bis sie verinnerlicht sind und so langsam zu Reflexen werden können.

Spannung, Entspannung und der Weg der Kraft werden hierbei trainiert.

Stände werden extrem tief trainiert, um in der Stresssituation des Ernstfalles sicher zu stehen.

2. Anwendungstraining *(yong fa)*

Das Anwendungstraining, bei dem die Techniken zuerst langsam mit einem Partner ausgeführt werden, dient als Basis für eine ernsthafte Konfrontation oder späteren Turnierkampf (*san da*).

Hier werden Kombinationen und Variationen von Techniken am Gegner geübt, bis sie kontrolliert mit voller Schnelligkeit ausgeführt werden können.

Da jeder Gegner unterschiedlich ist, wird hier mit Hilfe des Lehrers gezeigt, welche Techniken und Strategien bei unterschiedlichem Körperbau von Gegnern sinnvoll sind und wo im Einzelfall die eigenen Stärken liegen.

3. Formentraining

Das Formentraining dient, neben Steigerung der Kondition, der ganzkörperlichen Übereinstimmung.

Während beim Anwendungstraining nur einzelne oder wenige Techniken zugleich trainiert werden, beginnt hier das Training von komplexen Technikkombinationen.

Die Strategie, oder auch Idee des Stils, wird in den Formen deutlich klarer als im Anwendungstraining und führt zu einem Gesamtverständnis von Kampf.

Leider hat sich heute bei vielen Schulen und Lehrern eine reine Sammelleidenschaft für Formen entwickelt und man brüstet sich damit, mehrere hundert Formen und verschiedene Stile zu beherrschen.

Befasst man sich etwas eingehender mit Kung Fu, wird man schnell herausfinden, dass hier „beherrschen" mit „kennen" verwechselt wird.

Hundert Formen kennen, heißt hundert Formen kennen.

Eine Form beherrschen, ist Können.

(Tim Otte)

4. Kampftraining

Im Kampftraining wird die Umsetzung der erworbenen Fähigkeiten realitätsnah geübt.

Das Gefühl für Entfernung zu einem Gegner in Bewegung, Beinarbeit und Gleichgewicht werden trainiert.

Erst in Freikampf zeigt sich, welche Technik für den Einzelnen wann geeignet ist und wo die eigenen Stärken in den Anwendungen liegen.

Ein weiterer, nicht zu unterschätzender Vorteil des Kampftrainings liegt in der Steigerung der Psyche.

Erst durch die realitätsnahe Erfahrung einer körperlichen Auseinandersetzung, treffen und getroffen werden, kann langsam die Angst vor Kampf, als Mittel zur Verteidigung, abgebaut werden.

Das Ergebnis wird eine wachsame, übersichtliche Gelassenheit in bedrohlichen Situationen sein.

Nur ein umfassendes Training aller dieser vier Bereiche führt zu wirklichem *gong fu* und der Beherrschung von *quan shu*.

Abschließen möchte ich das letzte Kapitel dieses Buches mit einem Zitat aus einem Gespräch mit meinem Kung Fu Bruder:

„Auf einem Turnier läufst du eine Form. Bist du der Beste, gewinnst du. Keiner fragt dich, wie viele Formen du kennst – Du musst eine beherrschen.

Musst du um dein Leben kämpfen, dann solltest du dein tang lang quan beherrschen und nicht deine Zeit mit dem Sammeln von Bewegungen verschwendet haben."

(Yu Bin, Dezember 2003)

Schlusswort

Dieses sind unsere Erfahrungen und Dinge, die wir über Kung Fu, Kampf und uns selbst in den Jahren gelernt haben.

Kung Fu heißt in erster Linie einen Weg zu gehen und dieser Weg wird auch in Zukunft für uns weitergehen. Vielleicht werden neue Eindrücke die Sichtweise zu manchen, bisherigen Erfahrungen verändern.

Gut, denn stehenbleiben heißt Stillstand - Weitergehen heißt Fortschritt. So werden wir weitere Erfahrungen machen, Dinge über uns lernen – fortschreiten.

Tatsache ist, dass Kung Fu sich immer weiterentwickelt hat. Wie bereits beschrieben, haben sich Techniken und Systeme immer den äußeren Gegebenheiten angepasst.

Doch das höhere Ziel des Kung Fu wird immer bleiben:

Die „Fähigkeit"

.... das eigene Leben zu meistern, um in Lebensgemeinschaften friedvoll miteinander umzugehen und die Kampfkunst nur zu Verteidigung von Leben und Gesundheit einzusetzen.

Anhang 1

Traditionelle chinesische Begriffe und Begrüßungen

Mandarin:	Bedeutung:
bao quan li	Traditioneller Hand-Faust Gruß
bi sai	Wettkampf, Turnier
bu fa	Stände, Beinarbeit
gong fu	Fertigkeit
guo shu	Landeskunst
jin li	Krafteinsatz
lao shi	Lehrer
lao shi hao!	Begrüßung des Lehrers
ni hao (nin hao)	Allg. Begrüßung zu jeder Tageszeit
qi	Energie des Universums
quan fa	Faustkampf
quan shu	Faust- bzw. Kampfkunst
san da	Freikampf
shi fu	Lehrer, Vater
shi ye	Großmeister
tao lu	Fester Technikablauf zur Übung
tiao zhan	Herausforderung
wu guan	Trainingshalle, Schule
wu shu	Kriegskunst
yao ling	Methode
yong fa	Anwendung
yuan ze	Prinzip
zai jian	Verabschiedung zu jeder Tageszeit
zhao shu	Stil
zhong shi	Bezeichnung eines Stilbegründers

Anhang 2

Chinesische Waffenbezeichnungen

Deutsch:	Mandarin:
Dolch	*bi shou*
Doppel-Dolch	*shuang bi shou*
Doppel-Kurzstock	*shuang duan bang*
Doppel-Säbel	*shuang dao*
Doppel-Saigabel	*shuang cha*
Doppel-Schmetterlingsmesser	*shuang duan dao (ma dao)*
Doppel-Sichel	*shuang lian*
Doppel-Tigerhaken	*shuang gou*
Drei-Glieder-Stab	*san jie gun*
Einfache Hellebarde	*pu dao*
Fächer (einfach)	*shan zi*
Große Hellebarde	*da dao (chun qiu dao)*
Henkersbeil	*kan dao*
Kettenpeitsche	*bian*
Langstock	*gun*
Säbel	*dao*
Schild	*dun pai*
Schwert	*jian*
Speer	*qang*
Zweihandsäbel	*ba gua dao*
Zweihandschwert	*shuang shou jian*